Contraste insuffisant

NF Z 43-120-14

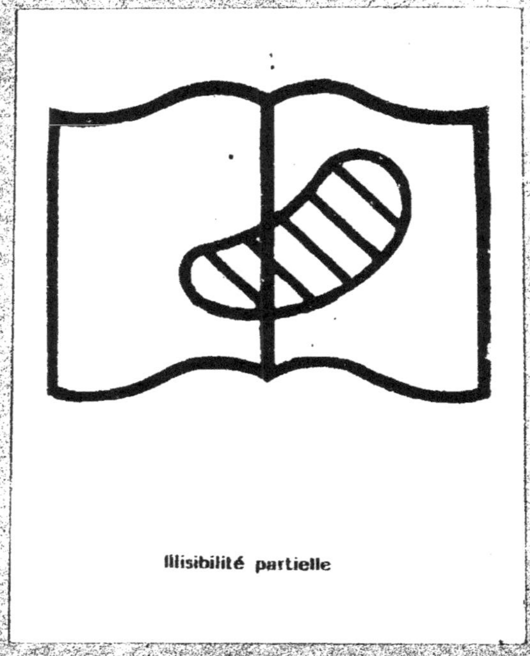

Illisibilité partielle

Valable pour tout ou partie
du document reproduit

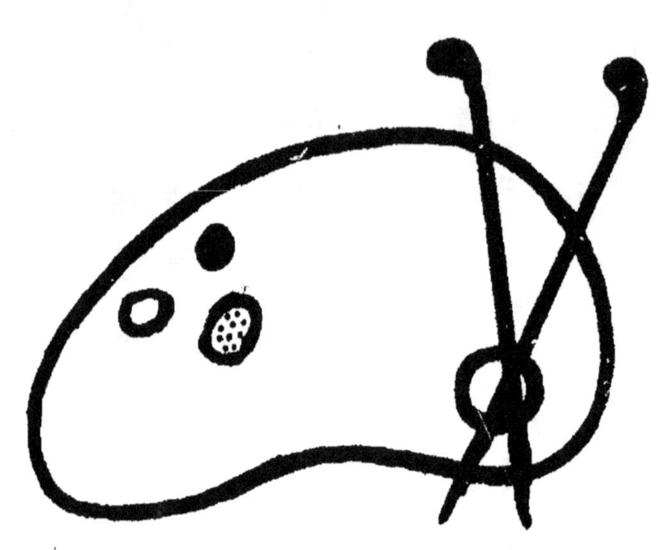

Original en couleur
NF Z 43-120-8

LES

ÉTABLISSEMENTS PUBLICS

ET

LA LOI DU 4 FÉVRIER 1901

PAR

M. Léon AUCOC

MEMBRE DE L'INSTITUT

PARIS

ALPHONSE PICARD & FILS, ÉDITEURS

82, RUE BONAPARTE, 82

1901

EXTRAIT DU COMPTE RENDU

De l'Académie des sciences morales et politiques

(INSTITUT DE FRANCE)

PAR MM. HENRY VERGÉ ET P. DE BOUTAREL

Sous la direction de M. le Secrétaire perpétuel de l'Académie

Hommage et souvenir
Léon Aucoc

LES

ÉTABLISSEMENTS PUBLICS

ET

LA LOI DU 4 FÉVRIER 1901

PAR

M. Léon AUCOC

MEMBRE DE L'INSTITUT

PARIS

—

1901

8° Z
9663

25

TABLE DES MATIÈRES

LES ÉTABLISSEMENTS PUBLICS

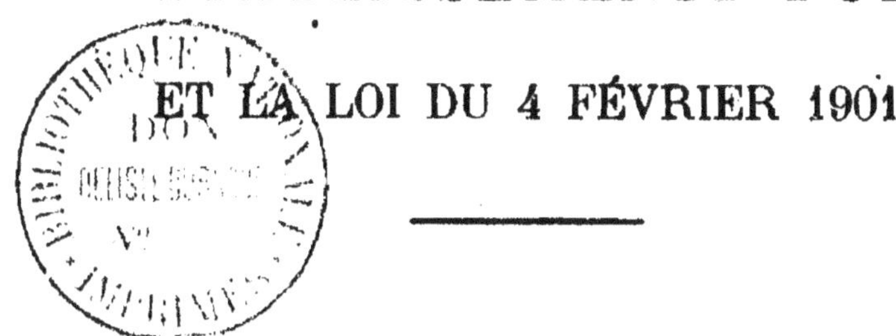

ET LA LOI DU 4 FÉVRIER 1901

On a souvent remarqué que, dans la formation des théories et des règles pratiques du droit administratif, la jurisprudence, principalement celle du Conseil d'État, par ses avis et par ses arrêts et la doctrine constituée par les opinions des auteurs occupaient quelquefois une place plus considérable que la législation. Parmi les matières où l'on constate ce fait qui a été comparé à l'influence du préteur sur la formation du droit romain, il faut citer particulièrement la matière des établissements publics et des établissements d'utilité publique.

Nous n'avons pas le dessein d'aborder ce qu'on pourrait appeler la philosophie du droit relatif aux personnes civiles, morales ou juridiques (les trois expressions sont employées), à leur nature et à leur création. Il s'est produit, à ce sujet, depuis une vingtaine d'années, d'abord en Allemagne, puis en Belgique et en France, des théories nouvelles et variées, parfois subtiles et même obscures et dont l'intérêt pratique est surtout dans l'influence qu'elles peuvent exercer sur les réformes de la législation relative au droit d'association (1).

(1) Notre confrère, M. Charles Lyon-Caen, les a signalées et discutées dans son rapport sur le concours pour le prix Saintour, jugé en 1900 (*Compte rendu des travaux de l'Académie des sciences morales et politiques*, 1900, t. II, p. 471).

M. Michoud a fait un exposé étendu de ces diverses théories dans une remarquable étude sur *La notion de la personnalité morale* (1899).

Les doctrines allemandes ont contribué à faire introduire dans le Code

Nous entendons rester sur le terrain du droit administratif où l'on trouve aussi des discussions intéressantes.

Une théorie, qui est classique depuis longtemps, présente les établissements publics comme des institutions administratives rattachées à l'administration générale ou locale du pays, mais pour lesquelles le législateur a voulu demander le concours de représentants spéciaux dont il attend plus de lumières et plus de zèle, les établissements reconnus d'utilité publique comme des œuvres privées, favorisées et contrôlées par l'administration. Elle montre que tous les deux ont ce caractère commun d'être dotés de la personnalité civile, du droit d'acquérir soit à titre onéreux, soit à titre gratuit et de se créer, par les dons et legs qui vont volontiers aux œuvres spéciales, un patrimoine propre à l'institution publique ou à l'œuvre privée, qui les fait vivre ou qui contribue plus ou moins largement à leur entretien et à leur développement. Elle fait ressortir ensuite que le régime sous lequel sont placés les établissements des deux catégories n'est pas le même à raison de la différence de leur nature.

Cette théorie ne s'est pas dégagée immédiatement. C'est M. de Gérando, membre de l'Institut de 1805 à 1842, philosophe, philanthrope, conseiller d'État et professeur de droit administratif qui a, le premier, dans ses *Institutes de droit administratif* publiées en 1828, groupé les règles de ce que l'on appelle généralement la tutelle administrative, quoique l'expression soit inexacte, à l'égard des personnes civiles qui prennent part à la gestion des services publics, ou qui travaillent, à côté de l'administration, à des œuvres utiles, sans chercher un bénéfice.

civil de l'Empire un système nouveau, à certains égards, que M. Saleilles a expliqué dans des notes savantes sur les articles 21 et 24, l'article 54, les articles 89 et 31 du Code, communiquées à la Société de législation comparée (*Bulletin de la Société*, 1899, p. 260 et 452. — 1900, p.149).

Toutefois, il n'indiquait encore qu'une catégorie de ces personnes civiles administratives et, même dans la seconde édition de son livre publiée en 1842, il donnait toujours aux congrégations religieuses la qualification d'établissements publics (1). Cependant la jurisprudence administrative du Conseil d'État à laquelle il prenait une part considérable avait, depuis 1830 et antérieurement, admis la création de Sociétés d'utilité publique reconnues par le Gouvernement. Les comptes rendus des travaux du Conseil d'État rédigés pendant toute la durée du Gouvernement de Juillet sous la direction de M. Vivien, et qui fournissent, à défaut des archives anéanties par l'incendie de 1871, des renseignements précieux sur l'histoire de la jurisprudence, donnent, pour chaque période quinquennale, la série des autorisations accordées à des Sociétés savantes, à des Sociétés de bienfaisance pour leur conférer la personnalité civile et celle des autorisations d'accepter les dons et legs faits à ces Sociétés. Toutefois, la jurisprudence distinguait alors, parmi les œuvres privées, les Sociétés reconnues et les Sociétés d'utilité publique. Cela avait un intérêt, pour les Sociétés savantes, au point de vue de la confection des listes électorales et des listes du jury.

Depuis cette époque, la littérature du sujet n'a cessé de s'enrichir. Les professeurs ont particulièrement creusé les principes et leurs conséquences juridiques ; plusieurs membres du Conseil d'État ont apporté, avec le même souci des principes, les monuments de la jurisprudence administrative du Conseil résultant des décrets adoptés, des avis et des notes de doctrine qui ne sont pas ordinairement livrés à la publicité comme la jurisprudence du Conseil d'État statuant au Contentieux (2).

(1) *Institutes de droit administratif*, 2e édition, t. II, p. 18.

(2) Nous devons citer notamment, parmi les ouvrages généraux : Vuillefroy et Monnier, *Principes d'administration extraits des avis du*

Aujourd'hui il ne peut plus s'élever de controverses que sur des points de détail.

Nous n'aurions pas cru intéressant de revenir sur cette théorie bien connue que nous avons étudiée dans nos *Conférences sur le droit administratif* (1), si une loi nouvelle n'en avait fait l'application et n'avait modifié, sur certains points, les règles actuellement suivies, dans des conditions qui mettent bien en lumière les principes généraux, en accordant des avantages assez importants aux établissements publics. Nous saisirons cette occasion pour

Conseil d'État et du Comité de l'Intérieur (1837). — Ducrocq, *Cours de droit administratif* 1re édition (1861), 6e édition (1881), t. II. — Bouchené-Lefer, *Principes et notions élémentaires de droit public administratif* (1862). — Batbie, *Traité théorique et pratique de droit administratif*, 2e édition (1883), t. V. — Dalloz, *Code des lois politiques et administratives* (1895), t. III, *Vo Établissements publics et d'utilité publique*. — Simonet, *Traité élémentaire de droit public et administratif*, 3e édition (1897). — R. Dareste, *La justice administrative en France*, 2e édition (1898). — Hauriou, *Précis de droit administratif*, 4e édition (1900). — Berthélemy, *Traité élémentaire de droit administratif*, (1900). — Parmi les ouvrages spéciaux, dus à des membres du Conseil d'État, Georges de Salverte, *Essai sur les libéralités en faveur des établissements civils et ecclésiastiques* (1859). — Albert Vandal, *Des libéralités aux établissements publics*, (1879). — Marguerie, article *sur les dons et legs* dans le *Dictionnaire général d'administration* de M. Alfred Blanche, 2e édition (1884). — Tissier, *Traité des dons et legs aux établissements publics et d'utilité publique* (1896). Il faut y joindre un travail qui n'a pas été mis dans le commerce, intitulé : *Notes de jurisprudence* (section de l'Intérieur, des Cultes, de l'Instruction publique et des Beaux-Arts du Conseil d'État) de 1879 à 1891, recueillies et classées par M. Bienvenu Martin, maître des requêtes, et MM. Simon, Dejamme, Noël, Silhol et Moullé, auditeurs (1892).

Nous devons citer encore Des Cilleuls, *Du régime des établissements d'utilité publique* (1891). — Michoud, *La création des personnes morales. L'État et les services publics personnalisés* (1900).

(1) Tome Ier, 3e édition, 1885.

préciser les règles relatives à la personnalité civile de l'Institut et des Académies.

I

C'est un fait singulier et assez rare que le législateur, qui, dans un assez grand nombre de dispositions, a parlé des établissements publics et, dans un plus petit nombre, a parlé des établissements d'utilité publique, n'en ait jamais donné la définition. Il a, en effet, posé à leur égard des règles de tutelle et de contrôle, il leur a donné des garanties, il a fixé les formes dans lesquelles ils peuvent agir en justice. Tantôt les textes sont généraux, tantôt ils s'appliquent aux établissements publics seuls, à l'exclusion des établissements d'utilité publique. On peut citer d'abord plusieurs articles du Code civil, les articles 910 et 937 relatifs aux dons et legs, l'article 1712 sur les baux, l'article 2045 sur les transactions, l'article 2121 sur l'hypothèque légale, l'article 2227 sur la prescription, plusieurs articles du Code de procédure civile et les articles 1 et 90 à 112 du Code forestier. On peut encore citer la loi du 20 février 1849 sur la taxe des biens de mainmorte. Il faudrait terminer la série, si on voulait la donner complète, et ce n'est pas le lieu, par la loi du 4 février 1901 qui vient de modifier au profit de ces établissements les règles sur l'acceptation et l'autorisation des dons et legs telles qu'elles résultaient des articles 910 et 937 du Code civil.

Mais aucun de ces textes ne définit l'établissement public et l'établissement d'utilité publique ; aucun n'indique leurs caractères essentiels, les points par lesquels ils se distinguent l'un de l'autre ainsi que de l'État, du département et de la commune, en sorte que c'est la jurisprudence et la doctrine qui ont dû rechercher et décider, parmi les personnes administratives, celles auxquelles s'appliquaient le bénéfice ou la charge des dispositions de loi édictées au sujet de l'ensemble ou de l'un des deux groupes d'établissements.

Il faut dire même que le législateur, dans certains textes, a plutôt contribué à troubler la jurisprudence et la doctrine qu'à faciliter la tâche qu'il leur laissait. Ainsi l'article 910 du Code civil porte que les dispositions entre-vifs ou par testament au profit des hospices, des pauvres d'une commune ou d'établissements d'utilité publique, n'auront leur effet qu'autant qu'elles seront autorisées par un décret. L'article 937 rappelle cette règle, dans les mêmes termes, pour les donations entre-vifs. Les auteurs du Code civil connaissaient bien le terme d'établissements publics qu'ils ont employé dans plusieurs autres articles. Ont-ils voulu exempter ces établissements de la règle posée par les articles 910 et 937 ? Jamais on ne l'a pensé ; on a toujours considéré qu'ils avaient, dans ces articles, pris le mot d'établissements d'utilité publique dans le sens le plus large. A l'inverse, la loi du 20 février 1849, sur la taxe des biens de mainmorte, a pris le mot d'établissements publics légalement autorisés dans le sens le plus large et s'applique incontestablement aux établissements d'utilité publique. La loi du 9 avril 1881, qui crée une caisse d'épargne postale, dispose, dans son article 15, que des dons et legs pourront être faits au profit de cette caisse dans les formes établies et selon les règles prescrites pour les établissements d'utilité publique. On peut se demander si ce n'est pas une erreur, puisque cette caisse est rattachée au service public des postes.

Ce qui pouvait aussi contribuer à troubler les idées quand on cherchait la définition de cette catégorie de personnes administratives, c'est que, à un tout autre point de vue, des textes de lois sur l'enseignement ou sur l'assistance publique ont parlé des établissements publics en les distinguant des établissements privés.

A défaut d'une définition donnée par le législateur, pourrait-on, en glanant dans les lois ou les règlements relatifs aux institutions administratives, composer la liste de celles qui ont le caractère d'établissement public? Nullement. Cela serait possible et cela a pu être fait pour les établissements d'utilité publique, parce que c'est d'un acte du Gouvernement portant reconnaissance d'utilité publique ou, dans certains cas, d'une loi spéciale, qu'ils tiennent leur situation privilégiée, leur personnalité civile (1). Mais il n'en est pas ainsi pour les établissements publics. Les lois ont très rarement employé ce mot pour l'appliquer à une institution déterminée. C'est par des dispositions relatives à l'administration des proprietés, à l'acceptation des dons et legs qu'on peut reconnaître l'intention qu'avait le législateur de constituer une personne civile. Il n'y a que de rares exceptions. Ainsi, l'article 47 de la loi du 19 juillet 1889 porte que les écoles normales primaires constituent des établissements publics. L'article premier de la loi du 9 avril 1898, sur les Chambres de commerce, a employé aussi cette formule pour rectifier la qualification erronée d'établissement d'utilité publique donnée à ces Chambres par l'article 19 du décret du 3 septembre 1851 (2). Mais ce ne sont pas les mêmes termes qu'on a employés quand on a voulu provoquer les libéralités en faveur de l'enseignement supérieur pour augmenter les ressources que l'État y consacre. La loi de finances du 28 avril 1893 dispose que « le corps formé par la réunion de plusieurs facultés de l'État dans un même

(1) M. des Cilleuls, dans son travail intitulé *Du régime des établissements d'utilité publique*, a donné une liste chronologique par département des œuvres reconnues comme établissements d'utilité publique, dressée par le ministère de l'Intérieur, en 1891.

(2) Un arrêt de la Cour de cassation, du 28 octobre 1885, avait déjà rectifié le décret du 3 septembre 1851.

ressort académique (auquel la loi du 10 juillet 1896 a donné ensuite le nom d'université), est investi de la personnalité civile ». Quand la loi de finances du 16 avril 1895 a voulu créer un courant de libéralités en faveur des musées nationaux, elle a, dans son article 52, statué dans les termes suivants : « Est investie de la personnalité civile sous le titre de Musées nationaux, la réunion des Musées du Louvre, de Versailles, de Saint-Germain et du Luxembourg. » Il en a été de même pour le Conservatoire national des arts et métiers et pour l'École nationale supérieure des mines (Loi de finances du 12 avril 1900, art. 32 et 34.) C'est seulement pour les Syndicats de communes créés par la loi du 22 mars 1890 (art. 170), qu'on a réuni les deux formules en ces termes : « Les Syndicats de communes sont des établissements publics investis de la personnalité civile. »

Il n'y a pas non plus dans les règlements faits pour l'exécution des lois une nomenclature des établissements qui rentrent dans la première des deux catégories. Au premier abord, on pourrait espérer la rencontrer dans l'ordonnance royale du 2 avril 1817 qui détermine les règles à suivre pour l'acceptation et l'emploi des dons et legs et qui s'applique à la fois aux établissements publics et aux établissements d'utilité publique. Mais la nomenclature assez ancienne est fort incomplète. Les auteurs de l'ordonnance n'y ont pas vu d'inconvénient puisqu'ils la terminaient par une formule générale s'appliquant à l'ensemble des établissements des deux catégories. Ils n'ont parlé que de ce qui était assez fréquent à l'époque où le règlement a été fait. C'est ainsi qu'ils mentionnent les évêchés, les cathédrales, les séminaires, les consistoires, les hôpitaux et autres établissements de bienfaisance, les collèges, qui sont des établissements publics. Ils mentionnent aussi les associations religieuses qui sont considérées aujourd'hui commes des établissements d'utilité pnblique. Mais la liste est bien plus étendue si l'on consulte les traités les plus récents sur la matière (1).

Il est donc intéressant, au point de vue de la théorie et de la pratique, de chercher quels sont les signes auxquels on reconnaît les établissements publics et les établissements d'utilité publique. Le moment est d'ailleurs favorable, parce que dans la loi du 4 février 1901, due à l'initiative d'un ancien maître des requêtes au Conseil d'Etat, M. Bienvenu Martin, auteur d'un recueil de jurisprudence où cette question est traitée avec des développements étendus, le législateur, soit dans les exposés des motifs et les rapports des Commissions, soit dans le texte de la loi, s'est approprié et a consacré plus ou moins directement les notions essentielles que la jurisprudence et la doctrine avaient été amenées à dégager et à préciser.

II

L'œuvre de l'administration est à la fois une œuvre de commandement et de police dans le sens large du mot et une œuvre de gestion des services publics, organisés pour donner satisfaction aux besoins collectifs des citoyens. Quand, pour la décrire, on se place au point de vue du commandement et de la police, on rencontre, au centre du pays et dans les diverses circonscriptions entre lesquelles il est divisé, une hiérarchie d'autorités qui veillent au maintien de l'ordre pour garantir à chacun l'exercice de ses droits et la jouissance des biens communs. Quand on se

(1) Nous signalons particulièrement celle qu'a donnée M. Tissier, avec des commentaires instructifs, dans son *Traité des dons et legs aux établissements publics et d'utilité publique* (1896). Il faut y joindre quelques établissements créés depuis 1896.

place au point de vue de la gestion des services publics, on trouve que dans le groupement des intérêts collectifs s'introduit un élément nouveau. Pour le commandement et la police, on était en présence de l'autorité centrale, et des agents placés dans les circonscriptions territoriales, départements et communes. Pour la gestion des services publics, après l'ensemble des intérêts généraux personnifiés dans l'Etat, l'ensemble des intérêts locaux à divers degrés personnifiés dans les départements et les communes, on rencontre des intérêts spéciaux qui ont tantôt le caractère général, tantôt le caractère local, dont les représentants n'ont pas, ordinairement, d'autorité sur les citoyens, mais qui contribuent à la satisfaction des besoins collectifs dont ils ont la charge et méritent par là une place dans les institutions administratives. A ces intérêts généraux, locaux et spéciaux le législateur a voulu attribuer des ressources propres, sans interdire le mélange des ressources de l'Etat et des localités avec celles qui peuvent être recueillies pour les intérêts spéciaux.

C'est ainsi qu'ont été créées les personnes civiles qu'on appelle les établissements publics pour concourir à la gestion des services du culte, de l'instruction publique, des beaux-arts, de l'assistance, de la prévoyance dans l'intérêt du commerce, de l'agriculture et en vue de l'exécution de certains travaux d'intérêt commun.

Telle est l'explication donnée par la doctrine de la raison d'être des personnes civiles administratives placées à côté de l'Etat, des départements et des communes.

Il s'ensuit que c'est dans la réunion de ces deux éléments, être l'organe d'un service public constitué par la législation et être investi de la personnalité civile, du droit d'acquérir et d'aliéner et d'ester en justice pour défendre ses droits propres, que se trouve le caractère essentiel de l'établissement public.

Cette doctrine nous paraît implicitement consacrée d'une

manière très nette par les articles 1 et 4 de la loi du 4 février 1901. L'article premier dispose que « les dons et legs faits à l'Etat et aux services nationaux qui ne sont pas pourvus de la personnalité civile sont autorisés par décrets du Président de la République ». L'article 4 parle des dons et legs faits aux établissements publics. Il donne au préfet le pouvoir d'en autoriser l'acceptation si l'établissement gratifié a le caractère communal ou départemental et réserve ce pouvoir au Gouvernement en Conseil d'Etat quand il a le caractère national.

Qu'est-ce à dire? Voilà bien l'Etat et les services publics non pourvus de la personnalité civile distingués des services auxquels la personnalité civile a été conférée, services dont les uns ont le caractère national, c'est-à-dire sont entretenus en principe aux frais de l'Etat, et répondent à un besoin collectif du pays tout entier, les autres ont le caractère communal ou départemental, et qui ont tous une vie distincte de l'Etat, du département et de la commune.

Le rapport fait au nom de la Commission de la Chambre des députés par l'auteur de la proposition de loi, M. Bienvenu Martin, ne laisse pas de doutes sur la portée que l'on doit attribuer au texte de l'article premier et de l'article 4. Parlant d'abord des dons et legs faits à l'Etat, il s'exprime ainsi : « L'Etat, pris comme personne morale, est apte à recevoir des libéralités et il en reçoit fréquemment. Ces libéralités s'adressent, d'ordinaire, moins à l'Etat qu'aux services nationaux ; mais si les services gratifiés ne possèdent pas la personnalité civile, ils se confondent avec l'Etat lui-même et c'est l'Etat, représenté par le Ministre sous l'autorité duquel est placé le service intéressé, qui intervient pour accepter ou pour refuser. C'est ainsi que le Ministre de la guerre accepte les dons et les legs faits à un régiment, aux Ecoles Polytechnique et de Saint-Cyr, le Ministre de l'Instruction publique ceux qui sont faits aux Ecoles nationales qui dépendent de son département, etc. » (1).

Pour commenter l'article 4, il fait allusion à la doctrine que nous avons soutenue dans nos *Conférences sur le droit administratif*. « Nous prenons le mot établissements publics, dit-il, dans le sens que lui a donné la définition de M. Aucoc, c'est-à-dire qu'il comprend les personnes morales, qui, distinctes de l'État, des départements ou des communes, ont été créées pour la gestion des services publics, tels sont les bureaux de bienfaisance, les hospices et hôpitaux, les Universités. »

Mais il importe de remarquer, après avoir constaté ces caractères essentiels des établissements publics, qu'il y a beaucoup de nuances dans leur constitution et dans la proportion entre leurs ressources propres et celles qu'ils reçoivent de l'État, des départements ou des communes. Les uns vivent exclusivement ou presque exclusivement avec leurs ressources propres, les autres n'y trouvent qu'un complément plus ou moins large des fonds qui leur sont attribués sur le budget de l'État ou des localités. On le verra par quelques exemples.

Les Chambres de commerce pourvoient aux dépenses des services dont elles sont chargées avec les contributions

(1) On nous permettra de signaler en passant que cette disposition paraît écarter une doctrine savamment soutenue par MM. Marquès di Braga et Lyon dans leur *Traité des obligations et de la responsabilité des comptables publics* (T. II, p. 40 et s.), d'après laquelle la personnalité civile de l'État devrait être démembrée entre les différents ministères et les différents services publics auxquels la loi ou les règlements ont donné le droit d'agir en justice pour représenter l'administration ou le Trésor public. La loi nouvelle, conforme à la jurisprudence du Conseil d'État, ne fait allusion qu'à la capacité juridique de l'État, soit que la libéralité lui ait été adressée sous son nom, soit qu'elle lui ait été adressée au profit spécial d'un des très nombreux services qui ne sont pas dotés de la personnalité civile.

qu'elles prélèvent sur les commerçants, en vertu de l'autorisation du législateur et, dans certains cas, elles arrivent, avec le produit des taxes dont elles disposent, à gager des emprunts et à prêter de l'argent à l'État pour mener plus rapidement à terme les travaux d'amélioration des ports de mer.

L'ordre de la Légion d'honneur est propriétaire des bâtiments dans lesquels sont installées la Grande Chancellerie et les maisons d'éducation de Saint-Denis, d'Ecouen et des Loges ; il a de larges ressources provenant d'immeubles et de valeurs mobilières.

Les hospices et hôpitaux sont propriétaires des bâtiments où fonctionnent leurs services de bienfaisance, et ils jouissent du revenu de la dotation qui leur a été restituée au début du siècle pour réparer les confiscations révolutionnaires et qui s'augmente par des dons et legs.

Les fabriques des églises n'ont ni la propriété des églises paroissiales, ni celle des presbytères qui, en général, appartiennent aux communes, tandis que les cathédrales et les palais épiscopaux appartiennent à l'État. Elles vivent principalement avec le produit de dons volontaires et de taxes qu'elles sont autorisées à prélever sur les fidèles. Le concours qu'elles avaient le droit de réclamer de la part des communes pour certaines de leurs dépenses a été notablement restreint, après une vive discussion, par la loi du 5 avril 1884. Il en est de même des consistoires protestants et israélites.

Les universités et facultés n'ont pas non plus la propriété des bâtiments où elles sont installées. Leurs ressources propres se composent de droits prélevés sur les étudiants, recettes détachées du budget de l'État par la loi du 10 juillet 1896 et des subventions annuelles accordées par l'État; celles qui leur viendront des dons et legs pourront, avec le temps, être importantes. Pour les lycées, les dons et legs sont loin de constituer une ressource qui soulage le budget de l'État.

L'établissement public formé de la réunion des musées nationaux du Louvre, de Versailles, de Saint-Germain et du Luxembourg, loin d'être propriétaire des palais où sont installés les musées et des richesses d'art qu'ils renferment, n'a même pas la propriété des objets achetés avec les fonds qu'il a recueillis ; ces acquisitions se font par le Ministre des Beaux-Arts, au nom de l'État. Il n'est propriétaire que des fonds qu'il recueille pour les affecter à l'accroissement des musées et qu'il aliène, quand l'occasion est favorable, pour enrichir l'État.

Voilà bien des nuances, il ne faut pas s'y arrêter. La personnalité civile des établissements reste toujours la même, quelle que soit l'étendue des ressources auxquelles elle s'applique. L'essence du droit ne varie pas suivant l'usage qu'on en fait.

On ne doit pas non plus s'attacher à la circonstance que l'établissement aurait ou n'aurait pas un budget spécial et une individualité financière. Assurément, c'est un signe extérieur qui met bien en relief la personnalité civile. On le voit pour les universités ou facultés dont le budget, d'après le décret du 22 juillet 1897, comprend, parmi les recettes, les revenus des biens meubles et immeubles appartenant à l'établissement, le produit des droits abandonnés par l'État, les subventions prélevées sur les sommes inscrites au budget de l'État pour les dépenses du personnel et du matériel. Il en est de même pour les établissements généraux de bienfaisance (maison de Charenton, hospice des Quinze-Vingts, Jeunes aveugles, Sourds-Muets de Paris et de Bordeaux, etc.) (1). Mais cette circonstance n'est pas indispensable. MM. Marquès di Braga et Camille Lyon, dans leur *Traité des obligations et de la responsabilité des comptables publics*, ont très solidement établi que l'individualité financière et la personnalité civile n'ont pas de lien nécessaire,

(1) Ordonnance royale du 21 février 1841.

que tel service qui a un budget spécial n'a pas de personnalité, par exemple l'Imprimerie nationale, et que le cas inverse est plus fréquent encore (1).

Il y a aussi bien des variétés dans le but assigné aux différents établissements publics et dans la composition du personnel de ces établissements, où l'on voit tantôt des membres de droit institués par la loi, tantôt des membres nommés par l'administration supérieure, tantôt des membres élus par des électeurs spéciaux. Il convient donc d'adopter pour les signes caractéristiques des établissements publics une formule large qui puisse répondre à ces variétés et à ces nuances.

Ainsi on aurait tort, à notre avis, de chercher à trop préciser toutes les conditions (circonscription territoriale, personnel, matériel, etc.), dont la réunion constitue un service public, ou bien de discuter sur la différence qui pourrait exister entre les intérêts collectifs auxquels l'administration générale ou locale du pays s'applique à donner satisfaction et les intérêts collectifs spéciaux en vue desquels ont été institués les établissements publics. L'œuvre de l'administration ne change pas de nature suivant qu'elle est accomplie par l'un ou l'autre de ses organes. Dans les mains de l'État, des départements ou des communes, ou dans celles des établissements publics, il s'agit de pourvoir à des besoins de l'ordre moral, de l'ordre intellectuel ou de l'ordre économique. Les intérêts collectifs sont toujours une réunion plus ou moins étendue d'intérêts privés et la spécialité qui est de l'essence d'un établissement public doit restreindre plutôt qu'étendre la collectivité au profit de laquelle il fonctionne. En somme, un service public, c'est une organisation décrétée par le législateur ou dirigée par l'administration en exécution des décisions du législateur, pour satisfaire un des besoins collectifs dont l'État

(1) Tome II, pages 39 à 150.

ou ses fractions ont assumé la charge à raison de l'incapacité ou de l'insuffisance présumée de l'initiative privée. Qu'on discute, au point de vue de l'économie politique et de la politique, sur la question de savoir s'il est sage d'étendre le rôle de l'administration et les services publics comme la démocratie n'en a que trop la tendance, nous le comprenons ; mais au point de vue de l'application de la loi, les services publics gérés par les établissements publics ont le même caractère que ceux qui sont gérés par l'État, les départements et les communes.

Faut-il admettre parmi les caractères essentiels de l'établissement public qu' « il fait partie intégrante de l'administration ou qu'il s'y rattache d'une manière intime? » A notre avis, ce n'est pas un caractère démontrable juridiquement et dont un établissement soit obligé de faire la preuve devant les juges quand sa qualité est contestée. C'est une expression de pure doctrine employée par les auteurs pour faire ressortir les conséquences de la mission donnée aux établissements publics par la loi ou les règlements, et c'est toujours par la gestion d'un service public qu'il y aura lieu de reconnaître si un établissement fait partie intégrante de l'administration ou s'y rattache d'une manière intime.

Cette formule a précisément donné lieu à un dissentiment entre le Conseil d'Etat et la Cour de Cassation sur la question de savoir si les associations syndicales autorisées qui peuvent être instituées, en vertu de la loi du 21 juin 1865, pour l'exécution et l'entretien de travaux d'intérêt collectif, l'endiguement des torrents, le dessèchement des marais, l'irrigation des terres, etc., sont des établissements publics. La Cour de Cassation refusait d'admettre que des associations de propriétaires, même investies de privilèges qui n'appartiennent qu'à l'administration, droit de contrainte à l'égard de la minorité, droit d'expropriation pour cause d'utilité publique, assimilation de leurs travaux aux travaux publics, recouvrement des taxes dans les mêmes formes que les contributions directes, fussent autre chose que des établissements d'utilité publique. Elle n'y voyait qu'une collection d'intérêts privés et ne pouvait considérer ces associations de propriétaires comme « une partie intégrante de l'administration » (1). Le Conseil d'Etat n'a pas affirmé que ces associations faisaient partie intégrante de l'administration, mais il a tiré du fait même de leur institution par l'autorité publique et dans les conditions prévues par la loi, de leur but qui rentre dans l'œuvre de l'administration, des privilèges spéciaux qui leur étaient conférés par la loi pour arriver à ce but, la conclusion qu'elles étaient des établissements publics et le Tribunal des conflits a confirmé nettement la jurisprudence du Conseil d'Etat (2).

Restons-en donc aux caractères essentiels consacrés par la tradition constante du Conseil d'Etat, acceptée par la doctrine et ratifiée par la loi du 4 février 1901.

III

Appliquons maintenant à l'Institut et aux Académies les principes que nous venons de poser.

Que l'Institut de France et les Académies individuellement soient compris parmi les établissements publics ayant une personnalité civile distincte de celle de l'Etat, on s'étonnera peut-être de nous voir en apporter la démonstration méthodique. Elle est longue en effet la liste des dons et legs qui ont formé et enrichi le patrimoine propre de l'Institut et des Académies depuis la donation de Lalande en l'an X.

(1) Arrêt de la Cour de cassation du 1er décembre 1886 (*Compagnie française d'irrigation du canal des Alpines*).

(2) Arrêt du Conseil d'État du 13 juillet 1889 (*Syndicat des marais du petit Poitou*). Décision du Tribunal des conflits du 9 décembre 1899 (*canal de Gignac*).

Plusieurs sont célèbres, au premier rang la donation de Chantilly et les fondations de M. de Montyon. Le doute ne semble donc pas possible.

Mais c'est un exemple qui permet bien de vérifier l'exactitude de la définition que nous venons d'établir.

Recherchons donc si l'Institut et les Académies rentrent dans les conditions auxquelles les articles premier et 4 de la loi du 4 février 1901 font allusion.

L'Institut doit certainement compter au nombre des services publics. Il a été fondé par la Constitution du 5 fructidor an III dont l'article 295 porte : « Il y a pour toute la République un Institut national chargé de recueillir les découvertes, de perfectionner les arts et les sciences. » La loi sur l'organisation de l'Instruction publique du 3 Brumaire an IV, dans son titre IV, reproduit la même pensée : « l'Institut national des sciences et des arts appartient à toute la République ; il est fixé à Paris ; il est destiné 1° à perfectionner les sciences et les arts par des recherches non interrompues, par la publication des découvertes, par la correspondance avec les Sociétés savantes (françaises) et étrangères, 2° à suivre, conformément aux lois et arrêtés du Directoire exécutif, les travaux scientifiques et littéraires qui auront pour objet l'utilité générale et la gloire de la République. » La mission publique confiée à l'Institut est assez mise en lumière par ces textes sans qu'on ait besoin d'y ajouter les commentaires parfois un peu emphatiques donnés dans les exposés des motifs et les rapports faits à la Convention (1). On peut cependant y ajouter les détails contenus dans les articles 5 et 6 du titre IV et les articles 7 et 10 du titre V relativement à la publication de ses travaux,

(1) Nous en avons publié les fragments les plus importants dans le volume intitulé : *L'Institut de France. Lois, statuts et règlements concernant les Académies et l'Institut de 1635 à 1889. Tableau des fondations* (1889).

à la distribution annuelle de prix à la suite de concours et à la désignation des artistes envoyés à Rome. La loi du 15 Germinal an IV complète les actes de la fondation en précisant, dans ses articles 24 à 30, les travaux que doit accomplir l'Institut et dont il doit, d'après l'article 41, rendre compte annuellement au Corps législatif lui-même.

La Constitution du 22 frimaire an VIII a imité la Constitution de l'an III en disposant dans l'article 88 : « Un Institut national est chargé de recueillir les découvertes, de perfectionner les sciences et les arts. » Sans parler de l'arrêté du Gouvernement du 13 Ventose an X, et de la loi du 11 floréal an X, sur laquelle nous allons revenir, on trouve dans l'arrêté du 3 pluviose an XI qui réorganise l'Institut, toute une série de prescriptions sur les travaux confiés aux diverses classes (articles 3, 4 et 15), notamment le Dictionnaire de la langue française.

Voilà bien les éléments de l'organisation d'un service public, et c'est un service national qui appartient à toute la République, comme le dit la loi du 3 Brumaire an IV, et comme le prouve l'affectation annuelle d'un crédit sur les fonds de l'Etat aux dépenses du personnel et du matériel de l'Institut, depuis sa fondation.

Est-ce un service doté de la personnalité civile ? On peut considérer que le principe de la personnalité civile de l'Institut est posé dans l'article 45 de la loi du 11 floréal an X sur l'instruction publique. Cette loi fait intervenir les classes de l'Institut dans les présentations des candidats aux fonctions de professeurs de l'enseignement supérieur, des écoles spéciales (art. 24 et 26) ; elle dispose, dans son article 41 « qu'aucun établissement ne pourra prendre désormais les noms de lycée et d'Institut, et que l'Institut national des sciences et des arts sera le seul établissement public qui portera ce dernier nom ». Elle ajoute, dans l'article 43 : « Le Gouvernement autorisera l'acceptation des dons et fondations des particuliers en faveur des écoles ou de tout autre établissement d'instruction publique... » Nous ne nous prévalons pas des mots « établissement public » employés dans l'article 41 ; ils indiquent qu'il s'agit d'un établissement fondé et entretenu par l'Etat et non par les particuliers. Mais l'article 43, en statuant sur les dons et les legs en faveur des écoles ou de tout autre établissement d'instruction publique, comprenait assurément, parmi ces établissements, l'Institut dont il venait de parler dans l'article 41. « C'est le sommet de l'édifice de l'Instruction publique », disait le Ministre de l'Intérieur dans son rapport au Directoire sur le projet d'arrêté nommant les premiers membres de l'Institut, le 29 Brumaire an IV. Ce langage était celui de tous les auteurs des exposés de motifs et des rapports qui expliquaient les lois et décrets relatifs à l'Institut. Le Gouvernement a montré qu'il le comprenait ainsi quand il autorisé, par un arrêté du 13 floréal an X, deux jours après la promulgation de la loi, la donation faite par Lalande, le célèbre astronome, à l'Institut national des sciences et des arts dont il était membre.

A la vérité, l'organisation de l'instruction primaire, secondaire et supérieure, telle qu'elle résultait de la loi du 11 floréal an X, a été modifiée par la loi du 19 mai 1806 et le décret du 17 mars 1808 qui ont créé l'Université à laquelle n'étaient rattachés ni l'Institut, ni le Collège de France, le Muséum d'histoire naturelle et divers autres établissements. Mais la mission et le caractère de l'Institut n'en ont été en rien changés. Les articles 41 et 43 de la loi de floréal an X sont restés en vigueur, et si les articles 131 à 137 du décret de 1808 ont créé une personnalité civile nouvelle, celle de l'Université de France, qui a disparu en 1850, la personnalité civile de l'Institut a subsisté, comme celle du Collège de France et du Muséum.

L'ordonnance royale du 21 mars 1816 consacre explicitement la personnalité civile de l'Institut et des Académies. Dans les articles 5 et 6, elle dispose que « les propriétés communes aux quatre Académies (il n'y en avait que quatre à cette époque) et les fonds y affectés seront régis et administrés, sous l'autorité du ministre de l'Intérieur, par une commission de huit membres dont deux seront pris dans chaque Académie », que « les propriétés et les fonds particuliers de chaque Académie seront régis en son nom par les bureaux ou commissions institués ou à instituer. »

Aussi le Gouvernement et le Conseil d'État n'ont jamais hésité à autoriser l'Institut et les Académies représentées par le Président ou par les secrétaires perpétuels à accepter, en leur nom, les dons et legs qui leur étaient faits. Jamais cette jurisprudence n'a été contestée devant les Tribunaux civils par les héritiers des testateurs. Tous les auteurs qui, en écrivant sur le droit administratif, ont traité des établissements publics, et se sont attachés à en donner une liste complète, l'ont rapportée, et approuvée à leur tour (1).

C'est la même opinion que le ministre de l'agriculture a adoptée quand il s'est agi de régler l'administration des bois et forêts du domaine de Chantilly. Le Code forestier, dans son article premier, soumet au régime forestier les bois et forêts qui font partie du domaine de l'Etat, ceux des communes et des sections de commune, ceux des établissements publics. Le décret du 19 mars 1898, qui a soumis les bois du domaine de Chantilly à ce régime, leur applique, cela résulte formellement des articles auxquels il se réfère, les règles spéciales aux bois des établissements publics.

Toutefois une décision du ministre des finances, en date du 30 juillet 1887, semblait en désaccord avec cette jurisprudence. Pour motiver l'exemption de la taxe des biens de mainmorte accordée à l'Institut, elle se fondait sur ce que « l'Institut de France ne constitue pas une personne morale

(1) Nous les avons indiqués en note, p. 5 et 6.

dans le sens de la loi du 20 février 1849 et doit être considéré comme un organe de l'Etat, au nom duquel il s'acquitte de la mission qui lui est confiée ». Ce motif n'avait jamais été donné en pareils termes dans les décisions du ministre des finances qui avaient constamment exempté l'Institut des droits de mutation sur les dons et legs qui lui étaient faits. Il reposait d'ailleurs sur une confusion : de ce que l'Institut est investi par la législation d'une mission publique, il ne s'ensuit nullement qu'il ne puisse pas avoir une personnalité civile distincte de celle de l'Etat et un patrimoine propre. La première qualité ne détruit pas la seconde, puisque, dans l'établissement public, cela est de son essence, la personnalité se surajoute toujours au service public et qu'elle est destinée à lui procurer des ressources nouvelles, en provoquant les libéralités par la confiance qu'inspire aux donateurs le droit qui lui a été conféré d'avoir un patrimoine distinct de celui de l'Etat et des localités. Assurément on ne pouvait attribuer à une décision ministérielle la puissance de mettre à néant les dispositions des lois et des règlements relatives à la personnalité civile de l'Institut et tous les décrets qui en ont fait l'application. Mais ce langage inexact avait besoin d'être rectifié. La loi du 4 février 1901, en distinguant les services nationaux non pourvus de la personnalité civile et les établissements publics, c'est-à-dire les services publics personnifiés, ne permet plus ce malentendu. Il a d'ailleurs été dissipé par une décision du ministre des finances en date des 26 octobre et 4 décembre 1900, rendue au sujet des impôts établis sur le domaine de Chantilly et qui maintient la tradition du ministère des finances, tout en reconnaissant d'une manière formelle la personnalité civile de l'Institut. L'exemption des droits de mutation a été étendue en effet par des décisions du ministre des finances et du directeur général de l'enregistrement et des domaines, prises dans les vingt dernières années, aux lycées, aux facultés et écoles d'enseignement supérieur de l'Etat, aux corps de facultés et aux universités, à la caisse d'épargne postale, à la caisse des invalides de la marine. Il y a là une série de personnes civiles pour lesquelles les textes sont aussi formels que pour l'Institut, qui sont, comme l'Institut, des établissements publics d'un caractère national, suivant le langage de la loi du 4 février 1901 et dont les dépenses sont en partie à la charge du Trésor. C'est le caractère de ces établissements et non l'absence de personnalité civile qui justifie un traitement plus favorable au point de vue de l'impôt que celui qui s'applique aux établissements d'un caractère local. Il y a donc un accord complet entre tous les ministères intéressés et le Conseil d'Etat snr la personnalité civile de l'Institut et des Académies.

IV

La loi du 4 février 1901 n'a pas apporté seulement aux établissements publics le bénéfice d'une définition plus nette des caractères auxquels on peut les reconnaître. Elle leur apporte des avantages plus tangibles en modifiant les règles antérieurement suivies pour l'autorisation et l'acceptation des dons et legs.

D'après l'article 4, les établissements publics acceptent et refusent, sans autorisation de l'administration supérieure, les dons et legs qui leur sont faits sans charges, conditions ni affectation immobilière.

Il y a là une innovation considérable, la suppression de l'autorisation de l'administration supérieure pour l'acceptation d'une libéralité faite à un établissement public. Une innovation analogue avait déjà été introduite dans les lois municipales de 1867 et de 1884 et dans la loi départementale de 1871. La nouvelle loi qui consacre et étend ces innovations en fait aussi l'application aux établissements publics.

Toutefois, il faut remarquer d'abord que cette exception est limitée au cas assez rare où les dons et legs ne sont pas grevés de charges, conditions ou affectation immobilière. Mais le legs considérable de M. Debrousse, récemment accepté par l'Institut, prouve que le cas n'est pas invraisemblable.

Il faut remarquer, en second lieu, que, d'après l'article 7, dans tous les cas où les dons et legs donnent lieu à des réclamations des familles, l'autorisation de les accepter doit être accordée par décret en Conseil d'État. Cela limite encore l'exception.

La nécessité de l'intervention d'un décret en Conseil d'État, même quand il n'y a pas de réclamation des familles, a été maintenue pour les dons et legs grevés de charges, de conditions ou d'affectation immobilière, quand l'établissement bénéficiaire a le caractère national (art. 4, § 2.) Le préfet statue si l'établissement a un caractère départemental ou communal.

Par suite d'une préoccupation qui est particulièrement intense en ce moment, les règles nouvelles relatives à l'autorisation des dons et legs n'ont pas été étendues aux établissements publics du culte, non plus qu'aux congrégations et communautés religieuses autorisées.

Mais l'article 8 a donné à tous les établissements publics et d'utilité publique, le bénéfice de l'acceptation provisoire, sans autorisation préalable, sur lequel il est utile de s'expliquer.

Cet article est ainsi conçu : « Tous les établissements peuvent, sans autorisation préalable, accepter provisoirement et à titre conservatoire les dons et legs qui leur sont faits. »

Les établissements publics ont déjà l'habitude, quand une libéralité leur est faite, de délibérer sur le point de savoir s'il leur convient de l'accepter ou de la refuser et quand ils croient devoir l'accepter, ils ne le font qu'à titre provisoire, en chargeant ceux qui ont mission de gérer leurs intérêts de faire auprès de l'administration supérieure les démarches nécessaires pour obtenir l'autorisation. Ce n'est qu'après l'autorisation qu'on fait l'acceptation définitive des donations ou la demande en délivrance des legs.

Si l'on n'avait pas voulu faire autre chose que de consacrer la pratique actuelle, l'article 8 de la loi nouvelle aurait été inutile. Ce que la loi de 1901 a voulu, c'est permettre une acceptation provisoire ayant des effets juridiques à l'égard du donateur et des héritiers du testateur, effets juridiques qui constituent pour les établissements publics des avantages importants.

Jusqu'ici, une donation ou un legs ne pouvant avoir aucun effet pour les établissements publics, en vertu de l'article 910 du Code civil, qu'après l'autorisation de l'administration supérieure qui exige toujours un délai plus ou moins long, ces établissements subissaient ou étaient exposés à subir de sérieux préjudices.

Ainsi, pour une donation, le donateur pouvait révoquer sa libéralité pendant les délais de l'instruction administrative. S'il venait à mourir dans la même période, la libéralité, qui n'avait pas pu être acceptée par acte authentique, s'évanouissait, à moins que les héritiers ne consentissent à la reprendre pour leur propre compte. En outre, les intérêts et fruits de la chose donnée ne couraient au profit de l'établissement bénéficiaire qu'à partir de l'acceptation par acte authentique, si le donateur n'en décidait pas autrement.

Pour les legs, il n'y avait de préjudice à subir qu'en ce qui concerne les intérêts et fruits ; mais dans le cas de libéralité importante et d'une instruction prolongée par suite des réclamations des familles, le dommage pouvait n'être pas insignifiant. En effet, les intérêts et fruits ne courent, en général, au profit des légataires, qu'à partir de la demande en délivrance, et la demande en délivrance ne pouvait être faite qu'après l'autorisation de l'administration supérieure. Il n'y avait d'exception que dans le cas où, pour un legs particulier, le testateur avait expressément stipulé que les intérêts courraient à partir de sa mort, au profit du légataire et celui où l'établissement gratifié avait reçu un legs universel et ne se trouvait pas en présence d'héritiers à réserve. (Articles 1004, 1005, 1006, 1011, 1014, 1015, du Code civil.)

Ces inconvénients avaient été signalés lors de la discussion du Code civil, du moins en ce qui touche les donations entre vifs. On avait passé outre par crainte d'affaiblir le principe de la nécessité d'une autorisation du Gouvernement.

Toutefois, en 1811, le Ministre de l'Intérieur (M. de Montalivet), après s'être concerté avec le Ministre des cultes (M. Bigot de Préameneu), avait présenté au Conseil d'Etat un projet de décret qui, pour laisser aux héritiers des testateurs le temps de donner leur consentement ou de former leur opposition à la délivrance des legs faits aux établissements publics, interdisait de soumettre à l'Empereur les propositions d'autorisation pendant les trois mois qui suivaient l'ouverture des testaments. En compensation de ce délai, l'article 4 du projet faisait courir les intérêts au profit des établissements légataires à partir du jour de l'ouverture du testament.

Ce projet dont nous avons donné le texte et l'exposé des motifs en 1855, d'après le dossier conservé alors (avant l'incendie de 1871) aux archives du Conseil d'Etat, fut discuté à la section de l'Intérieur et à l'Assemblée générale. Il ne fut pas adopté (1).

(1) *Des libéralités faites aux communes et autres établissements publics.* (*École des communes*, 1855, p. 88 et s.).

Mais la question a été reprise lors de la discussion des lois relatives à l'administration municipale et départementale sous le Gouvernement de Juillet et le législateur a remédié à ces inconvénients en ce qui touche les communes et les départements d'abord, puis un peu plus tard en ce qui touche les hôpitaux et hospices. D'après les lois de 1837, 1838, et 1851, une acceptation provisoire et à titre conservatoire des libéralités peut être faite avant l'autorisation et l'effet de l'autorisation remonte au jour de l'acceptation provisoire (1).

Il en résulte que l'acceptation provisoire de la donation lie définitivement le donateur et que, pour les legs, la demande en délivrance peut être faite immédiatement, de façon à faire courir les intérêts au profit de l'établissement légataire. Mais ces bénéfices ne seront acquis à titre définitif que si, postérieurement, l'autorité compétente autorise l'acceptation de la libéralité (2).

Il n'y avait aucune raison pour ne pas étendre ces dispositions à tous les établissements publics et d'utilité publique. Le législateur est resté cinquante ans sans s'y décider. En attendant, un arrêt de la Cour de cassation, en date du 12 novembre 1866, très contestable, l'avait accordé aux bureaux de bienfaisance, considérés comme établissements communaux. La loi du 15 juillet 1893 sur l'assistance médicale gratuite avait, dans son article 11, donné ce privilège aux bureaux d'assistance qu'elle a créés. L'établis-

(1) Voir, pour les communes, les lois du 18 juillet 1837 (art. 46) et du 3 avril 1884 (art. 113) ; pour les départements, les lois du 10 mai 1838 (art. 31) et du 10 août 1871 (art. 53) ; pour les hôpitaux et hospices, la loi du 7 août 1851 (art. 11).

(2) Arrêts de la Cour de cassation 12 novembre 1866, et 1er février 1875 (Dalloz, 1866, I, 378 — 1875, I, 249). — Arrêt de la Cour de Paris 19 mai 1851 (Dalloz, 1851, II, 223). — Cour de Montpellier 4 juin 1855 (Dalloz, 1856, II, 126). — Cour de Toulouse 1er mai 1868 (Dalloz, 1869, II, 91).

sement des musées nationaux, créé par la loi du 16 avril 1895, avait reçu ce privilège en vertu du décret du 14 janvier 1896 qui l'a organisé (art. 11) et la même mesure avait été prise pour les universités, les facultés et les écoles d'enseignement supérieur, par le décret du 21 juillet 1897 (art. 3). On pouvait dire toutefois que ces deux décrets empiétaient sur le domaine législatif en modifiant l'article 910 du Code civil et restaient contestables.

La nouvelle loi, dans son article 8, applique ce régime à tous les établissements publics et d'utilité publique. La rédaction du texte n'est peut-être pas aussi complète que cela eût été utile pour le faire comprendre à ceux qui ne connaissent pas les précédents relatifs aux communes, aux départements, aux hospices, etc. On a omis de signaler l'effet rétroactif de l'autorisation au jour de l'acceptation provisoire. Mais il n'était pas indispensable de l'indiquer; cela résulte nécessairement de ce que l'acceptation provisoire est permise par la loi, et produit, par conséquent, des effets juridiques que l'autorisation administrative, intervenant postérieurement, confirme et rend définitifs. Aussi bien l'intention du législateur n'est pas douteuse. L'exposé des motifs de l'auteur de la proposition de loi, les rapports faits au nom des commissions de la Chambre des députés et du Sénat sont explicites et concordants. Il suffit de citer quelques lignes du rapport fait au nom de la commission de la Chambre des députés. Après avoir signalé les effets de l'application stricte du Code civil et rappelé la réforme réalisée au profit des communes, des départements et des hospices, le rapporteur conclut ainsi : « Le droit d'accepter provisoirement et à titre conservatoire prévient la caducité de la donation et il permet de demander la délivrance des legs ; il présente donc un intérêt considérable ; aussi est-il juste de le généraliser en l'étendant à tous les établissements. »

Telle est la portée de la loi du 4 janvier 1901. Elle a introduit, au sujet des établissements publics, la correction dans le langage qui est l'origine et le résultat de l'ordre et de la clarté dans les idées. Elle a, pour un grand nombre d'établissements, dans certains cas, supprimé des formalités inutiles et facilité la prise de possession des libéralités faites aux établissements de toute nature. Elle mérite d'être louée au point de vue scientifique.

DON

Léon Aucoc.

Orléans. — Imp. Paul Pigelet.

www.ingramcontent.com/pod-product-compliance
Lightning Source LLC
LaVergne TN
LVHW010303230826
846091LV00007BB/2691

* 9 7 8 2 0 1 3 4 5 9 0 5 1 *